# 风吹来的梦

李楠 著

Copyright © 2022 李楠 (Nan Li)
ISBN: 978-981-18-4929-9

All right reserved. 版权所有
No part of this publication may be reproduced distributed, or transmitted in any form or by means, including photocopying, recording, or other electronic or mechanical methods, without the prior written permission of the publisher, except in the case of brief quotations embodied in critical reviews and certain other noncommercial uses permitted by copyright law. For permission requests, write to the author, addressed "Attention: Permissions Coordinator" at linannan11@hotmail.com

Photographs by 李楠

Published by Asian Culture Press
7 Temasek Boulevard,
#12-07 Suntec Tower One,
Singapore 038987

Printed and distributed in the United States of America
First hardback edition July 2022
本书 2022 年 7 月在新加坡第一次出版

## 关于作者

热爱书写的浪漫主义派。

献给每一位读者，献给我的 2019-2022。

# 序

　　将一些随笔进行了整理，并不多却也耐读。下笔期间用手机拍摄的照片附在文字下方，多少记录了那时期的状态和遐想。想着这会是一本枕边读物，抑或是赠送朋友，放在书架上的独特存在、填充之用。热爱书写，热爱随意的但不简陋的表达。有时候理性地思考和甚微地观察是我生活习惯的一部分，促成我在旅行途中、在观看艺术作品、与人相处时，不自觉地洞察到某些细致的东西，相反地，打动了我柔软的神经。

　　在书稿审核的时候也犹豫过，这些文字是否要与大家见面，毕竟这是我的第一本合集，谈不上来是何等何样的作品，碎片化地吐露说不上好与不好。生命中的芬芳需要歌唱，悲凉的创痕也不必谦卑。最终，很庆幸有勇气将它们呈现出来。

天安<br>2022 年 5 月 3 日

本书是作者在2019-2022年期间创作的随笔集，体裁多样，内容抒情。独到而深切的感悟，不拘一格的观看方式，善于找寻事物和梦境的曼妙之处，用细腻的语言勾勒出理趣。

# 目录

## 2019 伊始，米里

## 山城

### 高丽国

给首尔的飞行　　/20

江原道　/22

倘　/23

我想成为你生命里最重要的人　　/27

你好吗　　/29

阳光落在我手上　/30

夏天　　/31

## 逆向的风吹

逆向的风吹　　　/33

忽然之间　　　　/37

心海　　/39

西西里的美丽传说　/40

双人舞　　/42

生于1988　　　/44

## 捕影

捕影　　/49

遗失的手套　　/50

希望你喜欢我　　/52

无题　　/54

云端的精灵　　/55

再来的冬　　/57

虹　　/58

像个孩子　　/59

## 梦

2019伊始，米里

将2019的第一站记录下来,送给你们,那些曾经错过的和即将遇见的,好让涅槃重生的每一个独立人心里满满,追逐着生命里的夏花和秋叶。

# 1

　　第一站，2月出发。喜欢有一处浅浅的港湾，在大海边上的滩涂被紧紧围住。不知道旅行团是怎样操作线路的，从未了解也未闻，走自己的路，那样就好。人之所以有惰性，一是有可依，二是想到有可依变成了思想的堕落。既然见多才能识广，为何不选择让无知的恐慌远走高飞。假期有限，选择大马，在《孤独星球》看到了沙捞越，第二大城市米里。

　　既然已经在路上，走走看看吧。美国艺术家罗伯特·亨利（Robert Henri，1865-1929）讲："在我们一生当中，平凡无奇的日子里，总有一些特殊的时刻。在那些时刻，我们似乎有了非比寻常的发现，也感受到了无与伦比的幸福，并领悟到无上甚深的智慧。"[1] 在他的《艺术精神》里，他认为事物的所有趣味在于观看与发明。

"艺术家的脑子里积累了各种各样的经验，并非充斥着现成可用的表现方式，而是存放了一堆原始素材。他们会将惯用的表现方式拆解成新的形式。有意愿创造的人不会想用传统表现方式，因为努力发明自己需要的东西，可以从中获得极大的乐趣。因此他们会把传统表现方式加以拆解，再重新开始。能够观看是一件很棒的事，观看是没有设限的。当个人拥有真正的观看方式就再棒不过了。"[2]

罗伯特·亨利认为观看是艺术之本。同样，用在一个人思想、判断力的精神世界里，构建起自己的素材库，不复制、套用、盲从，通过制造，所谓的风格，也就对了。那么怎么积攒经验？艺术需要艺术家的洞悉，个人同样需要观看。个体的思辨不是坐在教室里享受或恭听旁骛的嗟来者，独立的思维需要眼过四方，闻听八面。当然走出去是极好的，也让你能够明辨是非，看出不诚实的人是否说谎不眨眼，害羞脸不红，吵架也还能出口成章，完全活跃你的大脑，睁大你的双眼。人类精灵出生在这个星球，时光短暂，

---

[1]（美）罗伯特·亨利 (Robert Henri)，陈琇玲（译）.《艺术精神》The Art Spirit. 北京：中国友谊出版社，2018.
[2] 同上。

寿命有限，幸运儿有个破百的岁数。当然，幸福最重要。什么让你幸福，踏遍千山万水还是皮夹里有钱？当你真正觉得幸福的时候，你脑子里有东西，身体里有智慧，能握得紧方向盘，踩得下油门。你拥有的不是过眼的万物，是组成万物的零件，巧妙组合，你在发现，也绝不停止思考，你的眼光独特，你也有了乐趣。

2019年2月于马来西亚，米里 Miri

## 2

从卫星地图上看到酒店坐落在海边,可惜了,并不是理想中的沙滩、海浪、仙人掌,而是巨石垒起来让你爬上堤坝远眺的海。"富得流油"的石油城镇,果真在海里挖油。正直中国的春节,酒店大厅和餐厅挂满了大红灯笼、中国结,各式样的拉花缠满了桃红色的塑料梅花树,餐厅门口贴上了春联。餐厅的经理是一位黑黝黝的胖大叔,穿着旧色的白衬衣,在泳池边总跟你"How are you?",并邀你免费尝一杯现开刀的冰椰子水。旅游手册上说,大约40%的米里人为达雅克人,主要是伊班人,伊班人是达雅克族中的一个分支。30%为华人,18%为马来人。那还有剩余呢?我猜大叔应该是……优秀的人。达雅克人,也称达雅人（Dayak），是加里曼丹岛上的一个土著民族，族人的生存策略是以经营森林为主，兼顾农业和园艺。

加里曼丹岛，Kalimantan Island，也叫婆罗洲，同属马来西亚、印度尼西亚和文莱三个国家。史料显示（1959年《东南亚经济资料汇编》）[3]，沙捞越曾是文莱苏丹王国的一部分，1888年成为英国的保护地，1942至1945年为日本占领，1946年重新宣布为隶属于英国的殖民地，最终在1963年组成了马来西亚联邦。米里正是马来西亚沙拉越州的第二大城市，往返于文莱、沙巴、柯拉比高原以及尼亚、巫鲁山国家公园真是太方便不过了。问酒店前台要了一份中文客服资料，这里的华人相当多，带我前往尼亚国家公园的正是一位称自己是第四代华人并会六种语言的小伙子。具体几国语言已记不得了，可能中国话里就有好几种。

华人在马来西亚的注册人口，仅次于马来人。一个多元信仰的国家，海外华人的融入，社会关系变化，历史的变迁与当前状态的存在，衍生出多元文化中族群的融合与认同。这位小伙子，供职于当地一家华人旅行社，身份就是导游了。在大厅碰头，第一句很正

---

3　曾乃乐．《砂勝越情況簡介》．东南亚经济资料汇编，1959(01):80-82．/ 摘议自香港《远东经济评论》25卷16，1958年10月16日出版。

式也很中国,"新年快乐!"司机师傅当然掩饰不住拉客的内心喜悦,黝黑的脸露出潇洒的笑。华人,英文"Ethnic Chinese",我们也说华裔、华侨。"Ethnic"牛津词典解释为"与种族或民族有关的","与民族和文化渊源有关的","血统的和出身的",还有一个说明是"有或者属于非西方文化传统特征的"。当然,华人是一个族群,具有中国血统,与五十六个民族割舍不开的群体。中国人与华人、华裔、华侨有什么异同,我并非专家,我关心的是中国印迹。

华人在东南亚是最大的移民群体,至今仍是。西方对其四百多年的殖民统治,改变了它的风貌、文化、制度,甚至社会关系。思想填充,华人下南洋的风潮,循序渐进地在转嫁民族认同感的体系中,显著地重实用的文化取向。华人用民族特性作为一种个人标志的独特载体,用显现的方式来体现自己的文化主张和文化取向。例如酒店大厅各种红色系的装饰物,海鲜大排档的收银台总有财神爷的香炉,墙上贴满古惑仔的海报,电风扇总是露出军装色的年代感。会用文字、花纹,材料等不同的差异性创作,来体现自身的独特性。这就使得特征本身成为了一种具备鲜明个性的重要标志。当然,这也是民族符号的认知性。从人类社会发展的漫长变迁历史中,对自身民族的认知无处不在,且伴随着文明程度的提升。之所以能够达成这样的效果,并非是其本身具有神秘性或独特性,而是民族认知本身就代表了人类一种特定的认知模式。在人类社会发展的早期阶段,人与人之间的相互交流和相互互动,本身就需要一些特定的载体,来简化复杂的交互关系,可以通过简单的载体,来完成复杂意味的高效互动。在这种情况下,人类所需要的交流载体,就会逐渐演变成特定的民族符号、民族印迹。而随着人类文明程度的不断提高,这些具备特定交流内涵的载体,也会随着生产力和社会关系的不断转变而快速演变,始终为人类的表达与沟通提供有力的支持。为此,族群或者民族的认知就这样的在有载体的媒介中得以共识。当坐在大排档的露天棚里,靠着略带生活污水气味的河岸,你仍点了一些海物,选择了各种辣炒、清蒸、咖喱、水煮等众多口味,来上一打当地啤酒,一桶冰,看着收银台的财神爷,干上一杯。这时候,老板不断给你上菜,你也一个劲地微笑着。走的时候还不会忘记告诉老板味道棒极了。

　　从社会科学的角度来看,人类大脑对于特定事物的认知,会通过减法的方式,完成对具象事物的抽象化,以便于通过简单的方式来了解复杂的事情。比如人类无法解释复杂的天气现象或地质现象时,就会以信仰或宗教的方式来进行简化处理。而当人类面临复杂的社会生活时，也会通过简单的归因方式，找到问题的根源，进而诉诸对于特定事物的信念或崇拜。这种简化外部世界，减少理解难度，丰富特定事物内涵的方式，属于人类认知模式的一种特定范式。无论是在石器时代，还是在工业时代，亦或是在互联网时代，这种趋于简化的认知模式，都是为达到共识提供认知的基础。我们的中华民族始终是具备旺盛创新精神的民族，不管民族特性的载体陈旧还是潮流，在民族发展的过程中，都保持着旺盛的生命力。

3

在前往尼亚国家公园之前，小伙子导游邀请去了附近镇上的一家餐馆享用午餐。这家店就是传统的街边门市，据他介绍味道很不错，当地人也很喜欢。店里有很多中学生穿着同样的衣服，会是校服吧，也有各种舞龙舞狮子的道具，敲的锣，打的鼓挺齐全，背上印着大大的"龍"。小伙子好热情地跟一位大婶拥抱，原来是他的中学华文老师，在介绍之下我也被握了一回手。顺着人流看出去，原来旁边就是一所华文中学。他们吃饱了准备赶路，敲起锣打起鼓，沿街义卖。由于当地财政有限，学校经费不足，学生们的活动钱只能靠他们自己赚取。街边门市的老板如果愿意，也可以多给一些，孩子们就在门口多停留一会，多敲敲打打一阵。

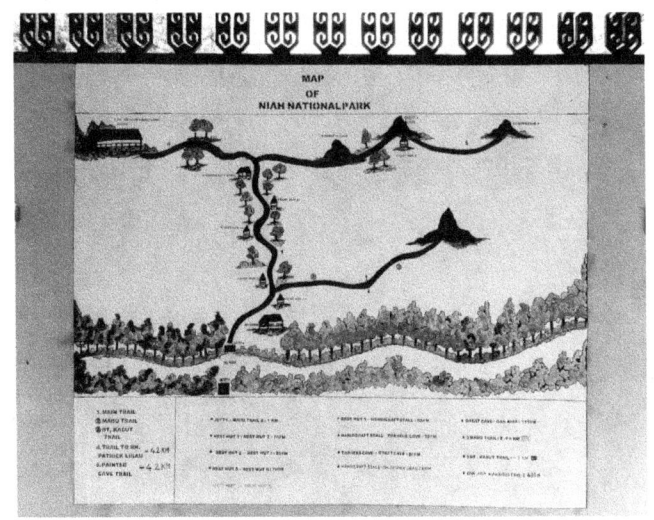

尼亚国家公园 Niah National Park

到了尼亚国家公园，从卖票所到森林，需要渡河进入。这条河混沌不堪，全是泥浆的颜色。他说河里有鳄鱼，"鳄鱼会流泪的。"鳄鱼的眼泪，这一句可是人们用来形容伪君子的，好似"猫哭耗子"。鳄鱼会流出眼泪，是因为它在吞食猎物。这样的生理现象，跟它一副丑恶的嘴脸完全不搭。鳄鱼会吃人，活人。小伙子向我讲了一个巫术的故事。鳄鱼一般是不会吃人的，可是在那个村子里，鳄鱼吃了人，村民们决定把吃人的这只鳄鱼找出来。于是，村民们请来巫师。巫师给一只鸡施法，让这只鸡在河岸边来回走动，吃了人的鳄鱼会自己爬上岸来将这只鸡吞食。不久一只鳄鱼果真爬上岸，一口将这只鸡吃掉，村民们趁此抓住鳄鱼。为了印证是否是这只鳄鱼吃了人，村民用刀划开鳄鱼的肚子，果然完整的人形躺在鳄鱼的肚子里。当然，人死不能施法复生。听了小伙子的故事，渡河时我的肢体绝不越过船身，想到船下鳄鱼可能在游过。那么，鳄鱼在吃掉这个人的时候，肯定也流泪了。

　　说到这个巫术，不禁想到了"怪力乱神"，祭祀歌舞。在被重印了无数遍的《美的历程》里，李泽厚老先生谈到汉代的浪漫主义艺术指出，在人们观念中弥漫的，是从远古传留下来的种种神话和故事。"伏羲女娲的蛇身人首，西王母、东王公的传说和形象，双臂化为两翼的不死仙人王子乔，以及各种奇禽怪兽、赤兔金乌、狮虎猛龙、大象巨龟、猪头鱼尾……，各各有其深层的喻意和神秘的象征。它们并不是以表面的动物世界的形象，相反，而是以动物为符号或象征的神话——巫术世界来作为艺术内容和审美对象。"[4] 小伙子的鳄鱼吃人的故事，是神秘的化身，内容、形式让人幻想，它作为传统的原始活力被充分保存和延续下来，交织在当地人的意识观念里。鳄鱼的眼泪，虚伪的眼泪，因为生存不得已而为之，那聪明且智慧的人类，何以看得清面具之下的谎言，杀手背后的故事，不被人心蛊惑，小人撺掇。还有长屋，在马来语中被称为"Rumah Panjang"，是婆罗洲的一种建筑形式，

---

4　李泽厚.《美的历程》.上海：生活.读书.新知三联书店,2014.

遍布沙捞越。顾名思义，一排排长长的屋子，族人们居住在一起，但有自己的房间。

渡过河，心里踏实了，当然回来时还得再渡一次。小伙子的故事还没有完，又来了"猎人头"。婆罗洲上的原住民族，有着自己独有的习俗和文化，"猎人头"在当今人们看来是极其残暴的行径。在原始部落和村庄之间，发生摩擦和战争是常有的，双方约定的"猎人头"是任何第三方都无法阻止的。用利剑和各式的武器将对方的人头摘下以象征着胜利，也是庆功宴上祭祀的物品，能够享有神明的保佑。这样的战利品不禁让人毛骨悚然，可是达雅克族的女人们却十分青睐猎过人头的武士，一颗血淋淋的人头就是所谓的聘礼了。女人们认为这样的武士才能成为自己的丈夫，才算是真正的男人。对于屡见不鲜的原住民来说，"猎人头"的战歌时常唱响，随着殖民者的杀入，这一原始社会的行为被禁止，或许殖民者也害怕被当作下一个猎物，和平式地共生才是最长久的驻守。然而网络上可见的印尼反华、种族大爆发的新闻纷纷，血腥的种族冲突问题在2000年前后多次出现。工业革命的到来，不同文明程度的蜂拥而至，经济飞速发展，让守着一方土地的原住民族如何迁徙，如何展望。根深蒂固的种族观念与文明进程下的政策存在长时间的不平衡,守恒与失衡的交错,如何来演进。

## 4

走在森林的栈桥上，这是族人为了到外面进行活动，用木头铺成的路，是一条向往文明的路。热带雨林的生命果然是最活跃的，就像深不可测的海里，涌动着不知名物种的鱼群。收集大自然最纯粹的声音，麻痹肉体的僵持，与宇宙开天辟地的最初交汇，嗡嗡声却似万籁俱寂。

# 高丽国

## 给首尔的飞行

到达釜山前,我停靠了首尔,让我爱的汉城。

从我的城市,飞行2000公里,跨过四个省,一湾海,我睡了三个小时。从我到你,我却睡了整整三十年,飞行了10950天。

你被唤作首尔,那份情愫,格外的耀眼。我爱着你,并不是要驻足你的土地,也不想贪恋汉江的清水,我只是经过你的路,走进下一程。

冯唐在随笔集里谈到,"择一城而终老",时间、空间、时间上空间的集中度,人的丰富,这四点是他认为衡量一个城市丰富程度的视角。"如果腰缠大把的时间,让我选择一个城市终老,这个城市一定要丰富。生命太短,最没有意义的就是不情愿的重复,所以人生第一要义不是天天幸福,而是不烦,喜怒哀思悲恐惊,酸甜苦辣咸麻涩鲜,都是人生经验。"[5]

请记得,樱花盛开时,红叶满山处,都写满了曾经我来过的序言。

穿透皮肤,掠过我的身体的阳光,正好照进需要注入你的爱的,我那柔软的神经,刺动我的忐忑和微小的怯弱……

---
[5] 冯唐.《活着活着就老了》.杭州:浙江文艺出版社,2017.

## 江原道

想成为你生命中最重要的人,也想成为更好的自己。无完美,但苛求理想。

我和你的爱情,好似冰山下的火种,也像你画的桃花树。驾车前往或深处其中,远看花儿朵朵。

可我更想伫立冰峰山尖,让你和我,看到花开的喜悦,听到冰落的声音。

原来,花也会开好,冰也会消融。

# 倘

潮起并落,你浮生万象的唏嘘,还有想得不可得的爱情。

爱你的人永不消逝,心不动,风又奈何。所谓,爱你就是生命的意义,不要低估了想陪你走完人生的决心。情,皆出自愿。

有些人,爱而不得,彰显人性的灰色地带。

想知道爱的深切,看人的生活状态,介于炙热与幻灭之间,游历于浮沉与年轮之中。

倘,
浮生若梦,世俗可当。
尽后生疲惫,换你爱情沉沉。

2019 年 12 月于韩国忠清南道

# 山城

## 我想成为你生命里最重要的人

好不容易到了2月,疫情仍在持续,感染的人也在升温,好在每天死亡率地增长不太过恐怖,仍有治愈出院的消息不断传开。迎来了2月,初春的小美好。

到处游离的病毒,像一个一个气泡。刺破它,麻烦是,躯体拿下,状态失真。倘若封存自己,遮蔽那份侥幸的好奇,安全了,无关你内心多少挣扎或拼命地请愿。我对你的思念,就是这样的气泡。想到,终于等来了再相见的季节,你却停飞了我的航班。

2月,是看油菜花的季节。到过罗平,小店里的火腿熏制得格外焦黄,油菜花炒得分外清香,也爱上了吃油菜花的花蕾。田间、山头,我穿着黑白相间的雪花棉衣,扎了丸子头。也想,在航线恢复后,与你有一场那样的出行。

想象，如果我染上这病毒，定要世俗地活着，余生养一只狗，就是我的孩子。说尽你爱听的话，写不停你爱看的字，唱不完没有结局的歌，做不完只有你的梦。跟电影里说的那样，半路留下的人才最为辛苦，也会有路人。但，我只想成为你生命里最重要的那一个。

# 你好吗

2020 年 7 月于云南玉溪，抚仙湖

## 阳光落在我手上

能否四季静好，世间始终有你。

你说，阳光正好，适合来个半马。
他说，阳光正好，与情人约个野餐。
她说，阳光正好，可以回想你的美。

她还说，黑夜与思念缠绵，月牙与影子交替，唯你，无可厚非。

她也说，隐形的解读方式，透彻的犯规，一场不过是假装的优雅。

## 夏天

《从你的全世界路过》[6]里说:"我希望有个如你一般的人,如山间清爽的风,如古城温暖的光,从清晨到傍晚,从山野到书房,只要最后是你,就好!"

从山城出发前往稻城,1000公里左右,到了理塘县往南拐,就是去向稻城的路。

古城的光依旧每天那么耀眼,风也从山间徐徐而来,清晨的颂歌一路吹向傍晚,我在面朝亚丁圣洁的一面,等你归来的消息。

风吹来的梦

2020 年 5 月于重庆

# 逆向的风吹

## 逆向的风吹

那么多的树叶被吹动,
像在不停地摆手。
我再抬头的时候,
风已止,心犹空。

此刻,
愿风再来,
愿不住地摆手,
哪怕一直摆个不停,
哪怕风终会停歇。

风又起了,
是我太过虔诚,
还是心脏有魔力。

终于,
风又来了,
我该喜,
还是喜?……

2020.05.15 午后

2021年5月于重庆,咖啡店

## 忽然之间

活着活着,
人老了。
活着活着,
模糊了。

眼前有音乐风车,旋转木马,
也有倒放着的时钟,不停摆。

我喜欢将花盆与书放在一起,
就好像把你和时间种在那里。

冥冥之中,
浅笑刹那,
甜蜜的贪婪,
咆哮的心间。

灰飞烟灭下，
沧海无一粒。

凭不了一己空想，
酒醉入席，
唤不醒梦中人。

2020.06.10 凌晨

2021年7月于重庆

## 心海

踏过北方的牧草边境,
见过南边的委婉可期。
去过那一座城,
来过这一片景。

心里住着,
一方浩瀚星空。
海角尽头,
仍有船舶靠近。

一捧海水,
洗尽前生浮华,
一颗星辰,
耀你来时之路。
过尽千帆,
总有浪花袭袭。

## 西西里的美丽传说

玛莲娜,
不论从你家到镇上,不论何时,
为你停歇,向你张望、幻想,带着爱意。
你属于我的仅有1941-1943,也仅有余生。
尼诺史寇第中尉,集市"早安",
橘子散下脚边,
我终将存放于心。

英国的车架,德国的齿轮,法国的踏板,
记不清的刹车和配件,
那个12岁半的单车。
在这般岛上,开始见过你,
拥吻,淫声放荡,嘶吼,还有的泪眼婆娑。
原谅我,那是已消逝的,
天堂乐园。

岁月匆匆，我爱过许多女人，
止于唇齿，也淹没于时光。
而你，终将是那份美丽，
属于西西里的美丽，
Malena。

## 双人舞

一场大雨,妆没花,人散了。
接着,雨更大了。

雨人,翩翩风度,旧爱不识。
曾几何时的魔咒,强求所来,不问限期。

望梅止渴的大雨,跪求再大一些。
贪婪,也奢求,过早窃取了你雨后的彩虹。
请把我收回,不复存在。

雨中曲奏鸣,
让我最后再为你跳一支,双人舞。

逆向的风吹

## 生于1988

生于1988，
汉城奥运会正在角逐中。
不必请回答，手已拉着手。

三十年已过，
为体会"一瞬间"，
我在汉城。

我在汉城。
希望有这样一瞬间，
哪怕往昔所付，压下的勒痕。

希望有这样一瞬间,
来即是应运而生,去也是光晕百般。

希望有这样一瞬间,
我们同在。
然,时线流逝,
而,岁月荏苒。

希望有那样一瞬间,
追过你的步伐,
静待风月成画。

2021.01

风吹来的梦

2022 年 4 日于韩国天安

# 捕影

## 捕影

有时候,我们想用语言讲出心里所想,表达此刻最真实的内心。但,这时的语言又显得多么的苍白无力。

语言没有缝隙,有的是你我之间一湾浅浅的湖水。月亮升起,倒影在湖面,你看着天上的月亮,而我望向湖心的影子。

2022 年 5 月 5 日于首尔,国立现代美术馆

## 遗失的手套

你说,山城下暴雨了
我看了
你说,到处都被淹了
我信了

这里有一只遗失的手套
就在橱窗外
我喜欢有大大的落地窗户
就像你一样
明亮

你说,等我们老了
山城,是个不错的选择
窗明几净外
也有云雾缠绕

你说，等孩子长大了
大理，丽江，青海，兰州……
中国的土地上
都会留有我们踏过的余温

你说，那时候
我们会住在山里
我说，那时候
我想住在海边

那时候的我们
会再次回到这里
答案，
在这里
因为，
爱着你

## 希望你喜欢我

　　喜欢你
　　也希望你喜欢我

　　没有终点的方向
　　没有爱人的禁欲

　　无望的逐日追赶
　　清楚的未知前行

　　喜欢你
　　也希望
　　艺术的地图
　　留下魔鬼的脚印

捕影

## 无题

如果有一天,
我忘记了你,

可能是因为,
喝了孟婆汤,
过了奈何桥。

错把地狱当成了天堂,
任何人都是你的样子。

## 云端的精灵

清潭黝色,身披藻行。
桀骜之魂,孤傲之昧。
平原摩梭,高空尽洒。
　夜之来,梦于醒。

赤裸无衣,随即马车。
如若素裹,必有暮色。
喃喃语矣,王子驾到。

风吹来的梦

## 再来的冬

秋末冬来,忆起上一季,如初识旧爱,年轮不已。

立秋几时,换来满眼雪色。心若百转,夏也即冬。

## 虹

你说，
粉绿色很配我。
风不信，
吹落一地。

看啊！
浅笑的你，
迎着那弯虹，
满是珠儿落下玉盘。

听啊！
一场秋雨，
润在我心。

## 像个孩子

你像个孩子,
你的脸庞,总是那么地迷人!

我们走在十月落叶铺洒的路,
畅游在雨林、山谷,
皆是原生的迹象。

我们赤裸着身体,
不有任何的羞色。
我们,来自宇宙深处。

心脏开始悸动,
我是多么想拥抱你,亲吻你,浸染你。
在树枝借问苍穹,
泥土散发着大地气息的时候,
当月下无人之时。

斑驳陆离的玫瑰园,醉人的葡萄农场,
我们来到爱情的圣经里。
我,亲吻你。

爱神送我回巢,
还是别离前的模样。
从此,再不醒来。

2022 年 3 月于韩国江陵,HASLLA 美术馆

# 梦

## 1

　　去不了你的过去，想去到你的家乡。我们住在围城里，用过去和未来拉起一张巨型的帷帐。寒江凭吊，月雾交映，城里就是我的心里。

　　我们的遇见不算早，但它来的好巧，巧到我懂你，你也知晓我。就像城中的孤儿，你，就是那个拾荒者。

## 2

语言,细腻,柔软,那是在你怀里的依偎。总是,有个人在晚安后的几小时里,潮水般汹涌,那是生命中的流淌。一边是月的隐退,一边是日出的东边,我在你经过的路旁,绽放笑脸。

如果命里没你,我将一直驻守你来时的路。下雨了,我会欢快地舞蹈,因为我知道你在屋檐下听雨。来世为雨,落在你肩,命里的嘀嗒,化静谧的霓虹,给彩云镶上爱的金边。

梦

## 3

　　我的梦，始于你心，乱于我情。我在草堆里慵懒，与柔风轻抚脸颊。我顽皮地从草坡上滚下，碰巧你在坡下画画。摔了一跤，不觉正是时候！

　　火车驶来，便想你拉着我上车，轨道里的腐木一块一块，一级一级。终于该跳车了，我们下吧！跳吧！这片新草地开满了各种颜色的小花，乱了我眼，入了你画。

## 4

　　最远和最近的距离,没有一心之隔,只有一杯从温热到冷却的咖啡,再难入口。好过美式的风度,也想努力尝尝拿铁里的加奶。

　　南滨路的银杏,被初春的暖阳青睐。长江水也泛出静谧的绿,江下的岩石探出身体。闲来渔夫垂钓,望江前逝水,念而不忘身后江岸事。游船搁置,大桥孤寂,车来过往,鱼游穿行。

梦

## 5

  细雨绵绵，风轻轻，如若二月的春风似剪刀，那四月的人间好似温情的大山。我心坚挺，藏舞于山里的绿荫，山花的烂漫，守护野杜鹃的期许。待夏日炎炎，山里乘凉，惊鸿一瞥，狼嚎二度，扶蛟龙，踏明月，照影来。

# 6

　　有你,就是我余下时光的所有,不论喜榻,不论坟墓。婉转嘤咛,涕泗横流,我都跟你永不分开。

梦

7

我像一只驯熟的野兽,
食人花下的瘴气,
口腹残物。
黑色的东南风,
鹰鹘俯下,
将我荣耀万顷。
你的利剑……

梦

## 8

枯竭的河床,
不曾孕出喜春的乔木。
零星的枝头,
恰有彩蝶到访。
一堂错乱的聚集,
恰似温软的臂弯。

9

芬芳馥郁,
静默凋陨。
似巢穴的殷切,
盖上夜露的纹章。

梦

## 10

莫须有的堂皇,
施舍的遗迹,
缘来梦魇下的氤氲,
葳蕤翠盖,
皆是千般嬝娜,
万般旖旎。

## 11

春江水暖,
谁可先知。
斜阳里,
深水处,
照余晖万里,
不及我相思。

梦

这来自云端的无比轻盈的风,

风吹来的梦

2020.01

雪山

2020.02

夜灯

风吹来的梦

2020.03

夜-1

酒柜

风吹来的梦

2020.05

民居

2020.06

江

风吹来的梦

2020.07

路-1

2020.08

椅子

风吹来的梦

2020.09

窗-1

2020.10

窗-2

风吹来的梦

2020.11

管子

2020.12

院子

风吹来的梦

2021.01

耳机

2021.02

窓-3

风吹来的梦

2021.03

咖啡－杯子

2021.04

晚霞

风吹来的梦

2021.05

房子

2021.06

路

风吹来的梦

2021.07

夜-2

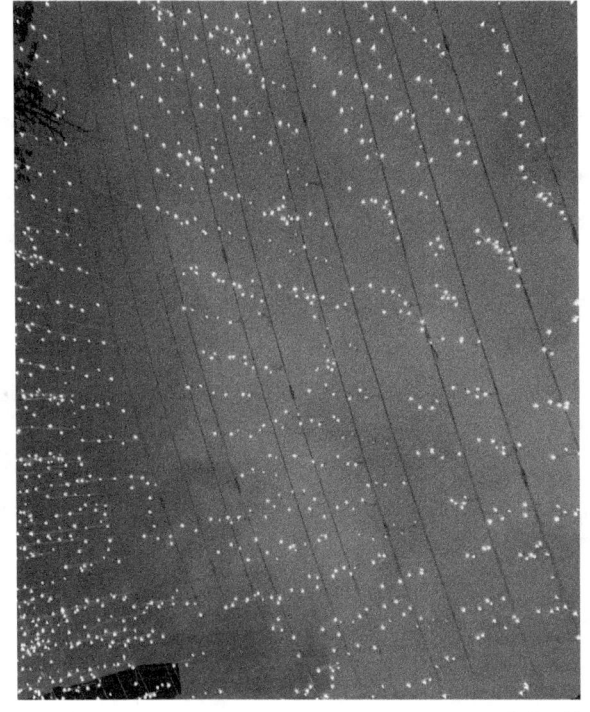

2021.08

天空

风吹来的梦

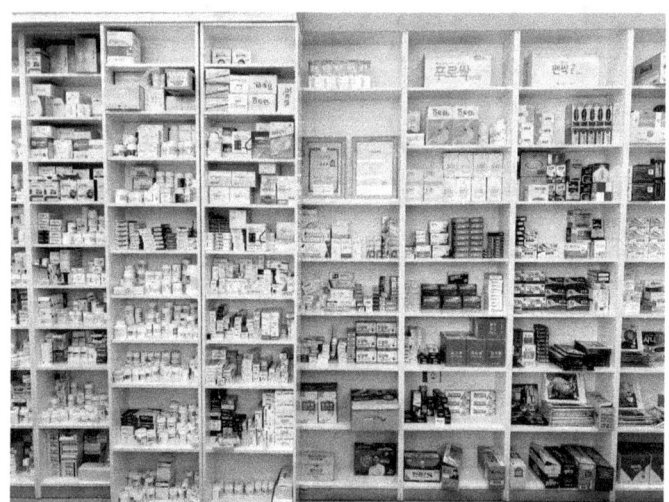

2021.09

药店

2021.10

校园

风吹来的梦

2021.11

锁

2021.12

机场

那去向山野的皎洁无暇的梦……

www.ingramcontent.com/pod-product-compliance
Lightning Source LLC
Chambersburg PA
CBHW071147060526
44107CB00133B/341